बिजली आपूर्ति और विनियमन

शिव प्रसाद बोस

Copyright © Siva Prasad Bose
All Rights Reserved.

यह पुस्तक भारत में बिजली के सभी उपभोक्ताओं को समर्पित है।

क्रम-सूची

प्रस्तावना

यह पुस्तक भारत में बिजली और बिजली पारेषण पहलुओं का परिचय प्रस्तुत करती है। हम बिजली के उत्पादन, पारेषण और वितरण से संबंधित तकनीकी पहलुओं को संक्षेप में प्रस्तुत करते हैं। हम भारत में बिजली अधिनियम 2003 पर भी चर्चा करते हैं, जो भारत में बिजली आपूर्ति को नियंत्रित करने वाला मुख्य अधिनियम है।

इस पुस्तक को दो भागों में विभाजित किया गया है: पहला तकनीकी हिस्सा है, जिसमें बिजली बिजली आपूर्ति के तकनीकी पहलुओं को शामिल किया गया है। दूसरा बिजली आपूर्ति कानून का हिस्सा है, जो बिजली आपूर्ति के इतिहास, बिजली अधिनियम 2003 और संबंधित मामलों से संबंधित है।

यह आशा की जाती है कि यह पुस्तक उन लोगों को कुछ परिचयात्मक मार्गदर्शन प्रदान करेगी जो भारत में बिजली आपूर्ति और विनियमन से संबंधित क्षेत्रों में रुचि रखते हैं।

पावती (स्वीकृति)

पांडुलिपि की तैयारी के लिए ऊर्जा उपयोग पर निम्नलिखित पुस्तकों से परामर्श किया गया है और हम उन्हें कृतज्ञतापूर्वक स्वीकार करते हैं:

- McGraw Hill Concise Encyclopedia of Science and Technology, Sybil P Parker, Editor in Chief
- Energy Technology: Sources of Power, Anthony E Schwaller, St. Cloud State University
- Energy, AK Bakshi, National Book Trust India
- Practical Photovoltaics by Richard J Kemp
- Newnes Electrical Pocket Book, EA Reeves
- Electrical Guide, Srikant BK Lambete, Electrical Consultant
- Thesaurus of Physics, Barnes and Noble

1

विद्युत उत्पादन और पारेषण से संबंधित अवधारणाएं

यह पुस्तक बिजली के बारे में है और यह कैसे उत्पन्न, संचारित और उपभोक्ताओं को वितरित की जाती है। प्रक्रिया का वर्णन करते समय, कुछ तकनीकी शब्द हैं जो कुछ पाठकों के लिए परिचित नहीं हो सकते हैं। इसलिए, इस अध्याय में हम बिजली उत्पादन और पारेषण से संबंधित कुछ बुनियादी शब्दों और अवधारणाओं पर चर्चा करते हैं।

1.1 विद्युत धारा

विद्युत प्रवाह प्रति इकाई समय में विद्युत आवेश का स्थानांतरण है। इसे आमतौर पर एम्पीयर में मापा जाता है। विद्युत प्रवाह के पारित होने में ऊर्जा का हस्तांतरण शामिल होता है, क्योंकि विद्युत प्रवाह हमेशा उस माध्यम को गर्म करता है जिससे वह गुजरता है, अतिचालकता के मामले को छोड़कर। अधिकांश धातु, इलेक्ट्रोलाइट समाधान और अत्यधिक आयनित गैसें बिजली की संवाहक हैं। (Mc Graw Hill Concise Encyclopaedia of Science and Technology, 5th Ed.)

1.2 आवृत्ति (लहर गति)

फ्रीक्वेंसी, तरंग गति के संदर्भ में, उस संख्या की संख्या है जो एक चक्र को पूरा करते समय तरंग को निर्दिष्ट करने वाली मात्रा (जैसे विद्युत तीव्रता) अपने संतुलन मूल्य से भिन्न होती है।

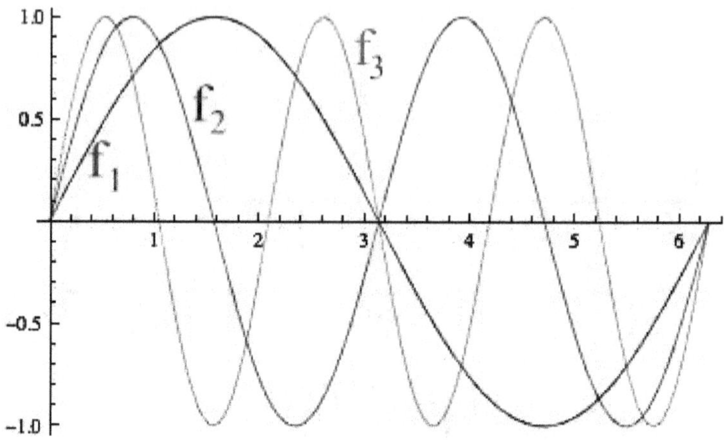

Figure: तीन अलग-अलग आवृत्तियों f वाली साइन तरंगें. By Futurebird - Own work, CC BY-SA 3.0, https://commons.wikimedia.org/w/index.php?curid=8880330

आवृत्ति की सबसे सामान्य इकाई हट्र्ज़ (Hz) है। 1 हट्र्ज एक चक्र प्रति सेकंड के बराबर है।

एक चक्र में है

- संतुलन से एक सकारात्मक बदलाव
- संतुलन की वापसी
- संतुलन से एक नकारात्मक भिन्नता
- संतुलन की वापसी

इस संबंध को अक्सर साइन वेव के संदर्भ में वर्णित किया जाता है, और संदर्भित आवृत्ति चर्चा के तहत पैरामीटर में एक समान साइन वेव भिन्नता की होती है।

1.3 आवृत्ति का माप

आवृत्ति के मापन को प्रति इकाई समय में एक चक्रीय घटना के घटित होने की संख्या के रूप में परिभाषित किया जाता है। समय की आमतौर पर इस्तेमाल की जाने वाली इकाई सेकंड है। इसके अलावा, निरंतर आवृत्ति पर होने वाले चक्रों की संख्या को देखकर समय को मापा जा सकता है। पेंडुलम और घड़ियाँ ऐसे समय मापने वाले उपकरणों के सामान्य उदाहरण हैं।

आवृत्ति संदर्भ के लिए राष्ट्रीय मानक प्रयोगशालाओं में उपयोग के लिए स्वीकार्य प्राथमिक आवृत्ति मानक सीज़ियम-बीम प्रकार के परमाणु मानक हैं। समय की इकाई के रूप में परमाणु मानक को अपनाने के परिणामस्वरूप, सीज़ियम-बीम परमाणु घड़ियों ने अन्य प्रकार के प्राथमिक आवृत्ति मानकों को पीछे छोड़ दिया है।

1.4 इलेक्ट्रिक पावर मापन

विद्युत शक्ति माप उस समय की दर का माप है जिस पर विद्युत प्रणाली में काम किया जाता है या ऊर्जा समाप्त हो जाती है।

विद्युत आवेश को गतिमान करने में किया गया कार्य उस आवेश और वोल्टेज ड्रॉप के समानुपाती होता है जिससे वह गति करता है। चार्ज प्रति यूनिट समय विद्युत प्रवाह को परिभाषित करता है।

विद्युत शक्ति (p) को एक निश्चित समय में विद्युत परिपथ (i) और उसके टर्मिनलों पर वोल्टेज (v) में धारा के गुणनफल के रूप में परिभाषित किया गया है।

$p = i * v$

शक्ति की एक और परिभाषा ओम के नियम (Ohm's law) द्वारा दी गई है:

$p = i^2 * R$ जहाँ R परिपथ का प्रतिरोध है

1.5 प्रत्यावर्ती धारा (AC) और प्रत्यक्ष धारा (DC)

प्रत्यावर्ती धारा, अल्टरनेटिंग करंट या एसी (AC) वह है जिसमें करंट समय-समय पर अपनी दिशा बदलता है, जिसे साइन वेव के रूप में दर्शाया जाता है।

प्रत्यक्ष धारा या डीसी (DC) वह है जो एक निश्चित दिशा में स्थिर रूप से चलती है।

पावर सिस्टम में अधिकांश ट्रांसमिशन लाइनें एसी हैं, क्योंकि डीसी ट्रांसमिशन लाइनों की तुलना में एसी में ट्रांसमिशन में पावर लॉस कम होता है।

1.6 इलेक्ट्रिक पावर सिस्टम

विद्युत ऊर्जा प्रणाली विद्युत ऊर्जा के उत्पादन, संचारण, रूपांतरण और वितरण के लिए उपकरण और सर्किट का एक जटिल संयोजन है।

विद्युत ऊर्जा प्रणालियों की आपूर्ति के लिए आवश्यक बड़ी मात्रा में बिजली उत्पादन स्टेशनों में उत्पादित की जाती है, जिसे आमतौर पर बिजली संयंत्र कहा जाता है। ऐसे उत्पादन स्टेशनों को रूपांतरण सुविधाओं के रूप में माना जाना चाहिए जिसमें गर्मी ऊर्जा या ईंधन जैसे कोयला, तेल, गैस या यूरेनियम, या गिरते पानी की हाइड्रोलिक ऊर्जा, या सूर्य के प्रकाश की ऊर्जा को बिजली में परिवर्तित किया जाता है।

पारेषण प्रणाली विद्युत शक्ति को कुशलतापूर्वक और बड़ी मात्रा में उत्पादन स्टेशनों से उपभोग क्षेत्रों तक ले जाती है। इस तरह के ट्रांसमिशन का उपयोग आपात स्थिति में पारस्परिक सहायता के लिए आसन्न बिजली प्रणालियों को आपस में जोड़ने के लिए भी किया जाता है और इंटरकनेक्टेड सिस्टम के लिए क्षेत्रीय संचालन के लिए अर्थशास्त्र हासिल करने के लिए भी किया जाता है।

हाई वोल्टेज लॉन्ग डिस्टेंस ट्रांसमिशन के लिए एक अपेक्षाकृत नया दृष्टिकोण हाई वोल्टेज डायरेक्ट करंट (HVDC) है जिसमें कम खर्चीली लाइनों, कम ट्रांसमिशन लॉस और सिस्टम की कोई भी समस्या नहीं है जो अल्टरनेटिंग करंट (AC) सिस्टम को प्रभावित करती है। हालांकि, अंत बिजली को प्रत्यक्ष वर्तमान (DC) में परिवर्तित करने और प्राप्त करने वाले अंत डीसी को एसी में परिवर्तित करने के लिए महंगे उपकरण की आवश्यकता के नुकसान हैं।

1.7 निष्कर्ष

इस अध्याय में हमने विद्युत शक्ति प्रणालियों के क्षेत्र में कुछ अवधारणाओं का अध्ययन किया है।

2

विद्युत उत्पादन

इस अध्याय में, हम बिजली के उत्पादन के लिए कुछ तंत्रों पर चर्चा करते हैं।

2.1 भारतीय बिजली क्षेत्र

भारत दुनिया में बिजली का तीसरा सबसे बड़ा उत्पादक है, जिसकी मार्च 2022 तक 399.467 GW की बिजली उत्पादन क्षमता है। उत्पन्न बिजली का 51.1% गैर-नवीकरणीय जीवाश्म ईंधन, मुख्य रूप से कोयले, थर्मल पावर इकाइयों से आता है। हालांकि पनबिजली और सौर ऊर्जा जैसे नवीकरणीय ऊर्जा स्रोतों में वृद्धि दिख रही है। भारत के पास जरूरत से ज्यादा बिजली उत्पादन करने की क्षमता है, हालांकि वितरण और पारेषण प्रणाली में सुधार की जरूरत है।

अधिकांश बिजली बिजली संयंत्रों में उत्पादित होती है, जिन्हें बिजली स्टेशन या उत्पादन स्टेशन भी कहा जाता है, जो विद्युत ग्रिड से जुड़े होते हैं।

2.2 विद्युत संयंत्रों का परिचय

विद्युत संयंत्र संग्रहित ऊर्जा या स्थितिज ऊर्जा को कार्य में परिवर्तित करने का एक साधन है। स्टेशनरी बिजली संयंत्र जैसे बिजली उत्पादन स्टेशन, संग्रहित ऊर्जा के स्रोतों के पास स्थित हैं, जैसे कोयला क्षेत्र या नदी बांध, या उन स्थानों के पास स्थित हैं जहां काम किया जाना है, जैसे शहरों या औद्योगिक स्थलों में।

अधिकांश बिजली संयंत्र जीवाश्म ईंधन की संग्रहीत ऊर्जा के हिस्से को कताई शाफ्ट की गतिज ऊर्जा में परिवर्तित करते हैं। कुछ बिजली संयंत्र परमाणु ऊर्जा का उपयोग करते हैं। जल विद्युत संयंत्रों में उन्नत जल आपूर्ति या नदी ऊर्जा का उपयोग किया जाता है। ऊर्जा के अन्य स्रोत, जैसे हवाएं, ज्वार, लहरें, भू-तापीय स्रोत, महासागर थर्मल, परमाणु संलयन और सौर विकिरण परिमाण के बावजूद बिजली उत्पादन में नगण्य व्यावसायिक महत्व रखते हैं।

2.2 विद्युत विद्युत उत्पादन

औद्योगिक, आवासीय और ग्रामीण उपयोग के लिए थोक विद्युत शक्ति का उत्पादन विद्युत ऊर्जा उत्पादन के रूप में जाना जाता है।

यद्यपि रासायनिक प्रतिक्रियाओं (बैटरी के रूप में) और इंजन चालित जनरेटर (जैसे ऑटोमोबाइल और हवाई जहाज में) सहित कई माध्यमों से सीमित मात्रा में बिजली उत्पन्न की जा सकती है, बिजली उत्पादन आम तौर पर घरों और उद्योग में बिजली पहुंचाने के लिए डिज़ाइन किए गए स्थिर संयंत्रों में बिजली के बड़े पैमाने पर उत्पादन का तात्पर्य है।

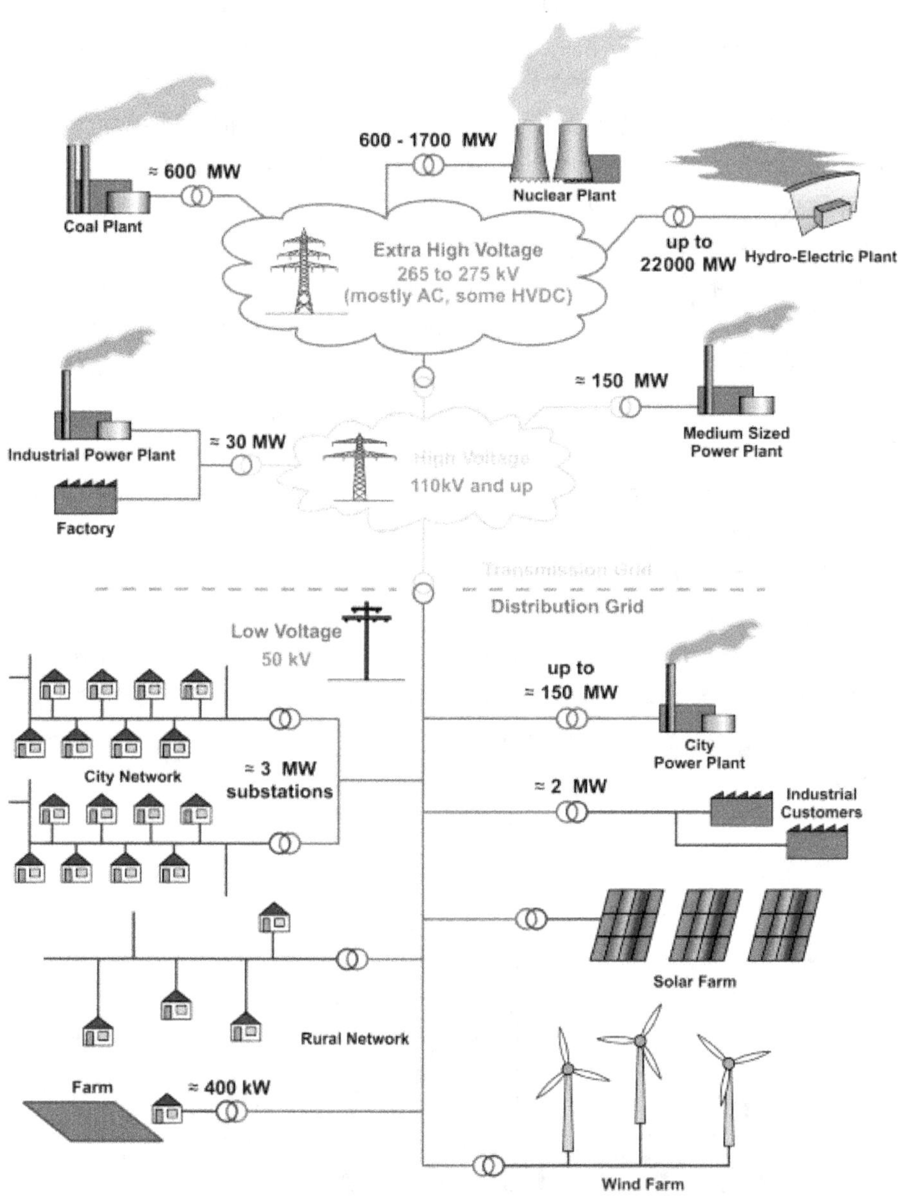

चित्र: बिजली ग्रिड का लेआउट. MBizon, CC BY 3.0 <https://creativecommons.org/licenses/by/3.0>, via Wikimedia Commons

इन संयंत्रों में उत्पादन इकाई गिरते पानी, कोयला, प्राकृतिक गैस, तेल और परमाणु ईंधन से ऊर्जा को विद्युत ऊर्जा में परिवर्तित करती है। अधिकांश विद्युत जनरेटर या तो हाइड्रोलिक टर्बाइनों द्वारा, गिरती जल ऊर्जा के रूपांतरण के लिए, या ईंधन ऊर्जा के रूपांतरण के लिए भाप या गैस टर्बाइन द्वारा संचालित होते हैं। भूतापीय ऊर्जा का सीमित उपयोग किया जा रहा है और विभिन्न रूपों में सौर ऊर्जा के उपयोग की दिशा में कार्य प्रगति पर है। विद्युत ऊर्जा उत्पादन संयंत्र सामान्य रूप से किसी दिए गए क्षेत्र में विद्युत भार की सेवा के लिए एक पारेषण और वितरण प्रणाली द्वारा परस्पर जुड़े होते हैं।

विद्युत भार किसी भी उपकरण या उपकरण की बिजली की आवश्यकता है जो विद्युत ऊर्जा को प्रकाश, गर्मी या यांत्रिक ऊर्जा या अन्यथा में परिवर्तित करता है। किसी भी प्रणाली पर कुल भार शायद ही कभी स्थिर होता है। बल्कि, यह सेवा क्षेत्र की आवश्यकता में प्रति घंटा, साप्ताहिक, मासिक या वार्षिक परिवर्तनों के साथ व्यापक रूप से भिन्न होता है। किसी निश्चित अवधि के लिए न्यूनतम सिस्टम लोड को बेस लोड या यूनिटी लोड फैक्टर घटक कहा जाता है। आमतौर पर अस्थायी स्थितियों के परिणामस्वरूप अधिकतम भार को पीक लोड कहा जाता है। विद्युत ऊर्जा को संभवतः बड़ी मात्रा में संग्रहित नहीं किया जा सकता है, इसलिए उत्पादन संयंत्रों के संचालन को लोड में उतार-चढ़ाव के साथ निकटता से समन्वयित किया जाना चाहिए।

जनरेटिंग प्लांट, जिन्हें अक्सर जनरेटिंग स्टेशन कहा जाता है, में ऐसे उपकरण होते हैं जो ऊर्जा के किसी न किसी रूप को थोक में विद्युत ऊर्जा में परिवर्तित करते हैं। कुछ महत्वपूर्ण प्रकार के उत्पादन संयंत्र जीवाश्म ईंधन विद्युत, जल विद्युत और परमाणु विद्युत हैं।

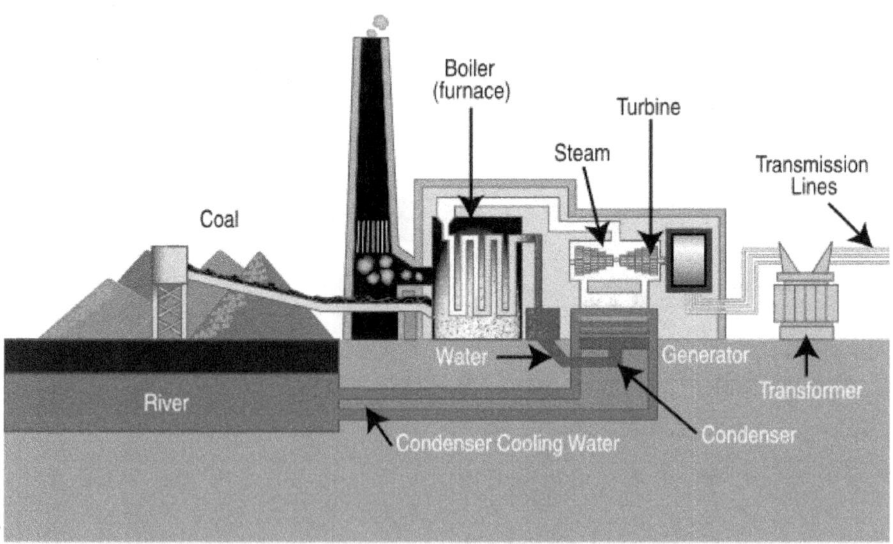

चित्र: कोयले से चलने वाला पावर स्टेशन. Tennessee Valley Authority, Public domain, via Wikimedia Commons

विद्युत उपयोगिता उत्पन्न करने वाली इकाइयों का आकार या क्षमता इकाई के प्रकार और आवश्यक शुल्क के आधार पर व्यापक रूप से भिन्न होती है, अर्थात आधार, मध्यवर्ती या पीक लोड सेवा, सिस्टम आकार और पड़ोसी प्रणालियों के साथ इंटरकनेक्शन की डिग्री।

बेस लोड इकाइयाँ, जैसे कि परमाणु और कुछ कोयले से चलने वाली इकाइयाँ, अपने बिजली उत्पादन को जल्दी या आसानी से बदलने में सक्षम नहीं हो सकती हैं। इंटरमीडिएट लोड इकाइयां, जैसे कुछ कोयला, तेल या गैस ईंधन वाले भाप जनरेटर, आमतौर पर 200 से 600 मेगावाट क्षमता के होते हैं। पीक लोड इकाइयों में दहन टर्बाइन या हाइड्रो इलेक्ट्रिक पावर स्टेशन शामिल हैं, और दहन टर्बाइनों में दस मेगावाट से लेकर जलविद्युत इकाइयों में सैकड़ों मेगावाट (700 मेगावाट तक) शामिल हैं।

रखरखाव और आकस्मिकताओं के लिए भंडार प्रदान करने के लिए, सिस्टम की कुल स्थापित उत्पादन क्षमता आमतौर पर वार्षिक अनुमानित पीक लोड से 20% से 30% अधिक होती है।

2.3 जीवाश्म ईंधन बिजली उत्पादन

जीवाश्म ईंधन विद्युत संयंत्र कोयले, तेल या प्राकृतिक गैस से दहन की ऊर्जा का उपयोग करता है। एक विशिष्ट बड़े विद्युत ऊर्जा संयंत्र में निम्नलिखित होते हैं:

- ईंधन प्रसंस्करण और हैंडलिंग सुविधाएं
- एक दहन भट्ठी और बॉयलर भाप का उत्पादन और सुपरहिट करने के लिए
- एक भाप टरबाइन
- एक अल्टरनेटर
- संयंत्र संरक्षण के लिए और वोल्टेज, आवृत्ति और बिजली प्रवाह के नियंत्रण के लिए उपकरण

एक सुविधाजनक भार केंद्र के पास अक्सर एक भाप संयंत्र बनाया जा सकता है, बशर्ते ठंडा पानी और ईंधन की पर्याप्त आपूर्ति उपलब्ध हो। स्टीम प्लांट आमतौर पर बेस लोडिंग और पीक या इंटरमीडिएट लोडिंग के अनुकूल होते हैं।

2.4 कोयला बिजली उत्पादन

कोयला बिजली संयंत्रों में, कोयले का उपयोग ताप इंजन में दहन के माध्यम से तापीय ऊर्जा का उत्पादन करने के लिए किया जाता है, जिसे तब यांत्रिक ऊर्जा में परिवर्तित किया जाता है, आमतौर पर भाप टरबाइन के माध्यम से, जिसे अंततः जनरेटर के माध्यम से विद्युत ऊर्जा में परिवर्तित किया जाता है।

भारत सहित कई देशों में, उच्च दक्षता वाले कोयले से चलने वाले भाप संयंत्रों में बिजली उत्पादन का बड़ा हिस्सा होता है। इनमें टर्बो अल्टरनेटर सेट हैं जो 11 केवी पर बिजली पैदा करते हैं और लगभग 120 मेगावाट की रेटिंग के साथ। ये रेटिंग 200 मेगावाट, 300 मेगावाट और 550 मेगावाट इकाइयों तक के बड़े बिजली स्टेशनों में अधिक हो सकती हैं।

कोयले से चलने वाले जनरेटर में, 1000 psi और 1050 डिग्री फ़ारेनहाइट से अधिक दबाव पर टरबाइन स्टॉप वॉल्व तक भाप पहुँचाई जाती है। 5000 psi तक के अधिक दबावों का भी उपयोग किया जा रहा है या उन पर विचार किया जा रहा है, और 1200 डिग्री फ़ारेनहाइट तक के तापमान को भी नियोजित किया जाता है। हालांकि, उच्च दबाव से जुड़े इन उच्च तापमानों के लिए विशेष प्रकार के ऑस्टेनिटिक (उच्च शक्ति) स्टील्स की आवश्यकता होती है और कई इंजीनियरिंग समस्याओं को अभी भी संबोधित करने की आवश्यकता है।

2.5 डीजल विद्युत उत्पादन

डीजल बिजली उत्पादन का सिद्धांत कोयले के समान है, सिवाय इसके कि डीजल का उपयोग ईंधन के रूप में दहन के माध्यम से ताप इंजन चलाने के लिए किया जाता है।

कुछ बिजली स्टेशनों में डीजल विद्युत उत्पादन का उपयोग किया गया है, लेकिन यह छोटे आउटपुट तक सीमित है। उनके पास हल्के और मोबाइल होने का लाभ है, जिससे उन्हें मोबाइल पावर स्टेशनों में उपयोग करने के लिए उन क्षेत्रों में ले जाया जा सकता है जहां बिजली की आपूर्ति विफल हो गई है।

कई उत्पादन स्टेशनों पर चूर्णित ईंधन से चलने वाले बॉयलरों का उपयोग किया जाता है, हालांकि उन्हें तेल से चलने वाले बॉयलरों से तेजी से बदला जा रहा है क्योंकि तेल तुलनात्मक रूप से सस्ता है।

Hydroelectric Dam

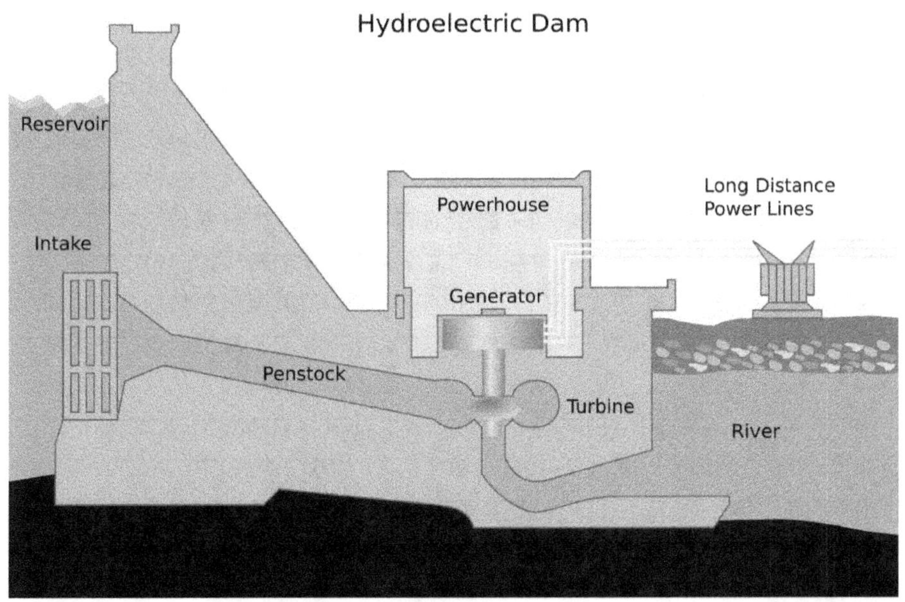

चित्र: जलविद्युत बांध का क्रॉस-सेक्शन। By Tennessee Valley Authority; SVG version by Tomia, CC BY-SA 3.0 <http://creativecommons.org/licenses/by-sa/3.0/>, via Wikimedia Commons

2.6 हाइड्रो-इलेक्ट्रिक पावर

जल से उत्पन्न विद्युत को जलविद्युत शक्ति के रूप में जाना जाता है।

अधिकांश पारंपरिक जलविद्युत ऊर्जा संयंत्रों के पीछे का सिद्धांत एक जल टरबाइन चलाकर एक बांध नदी की संभावित ऊर्जा को विद्युत ऊर्जा में परिवर्तित करना है जो एक जनरेटर को शक्ति प्रदान करता है। जलविद्युत संयंत्र सिर (head) नामक एक ऊर्ध्वाधर दूरी से गिरने वाले पानी के भार द्वारा जारी संभावित ऊर्जा का उपयोग करता है।

हाइड्रोइलेक्ट्रिक पावर प्लांट में निम्नलिखित घटक होते हैं:

- पानी को एक अग्रभाग में जमा करने के लिए और सिर का हिस्सा बनाएं के लिए एक बांध
- टर्बाइन तक गिरते पानी को पहुंचाने के लिए एक पेनस्टॉक
- हाइड्रोलिक ऊर्जा को यांत्रिक ऊर्जा में परिवर्तित करने के लिए एक हाइड्रोलिक टरबाइन
- यांत्रिक ऊर्जा को विद्युत ऊर्जा में बदलने के लिए एक प्रत्यावर्ती धारा जनरेटर (अल्टरनेटर)

- बिजली के प्रवाह, वोल्टेज और आवृत्ति को नियंत्रित करने और आवश्यक क्षमता को वहन करने के लिए आवश्यक सहायक उपकरण।

भारत और अन्य देशों में पंप किए गए भंडारण जलविद्युत संयंत्रों का तेजी से उपयोग किया जा रहा है। उपयुक्त भौगोलिक और भूवैज्ञानिक स्थितियों के तहत, विद्युत ऊर्जा को कम से अधिक ऊंचाई तक पानी पंप करके और बाद में हाइड्रोलिक टर्बाइनों के माध्यम से इस पानी को निचली ऊंचाई पर छोड़ कर संग्रहित किया जा सकता है। ये टर्बाइन और उनसे जुड़े जनरेटर प्रतिवर्ती हैं। जनरेटर, जब वे मोटर के रूप में विपरीत दिशा में काम करते हैं, तो पानी को ऊपर उठाने के लिए अपने टर्बाइनों को पंप के रूप में चलाते हैं। जब टर्बाइनों के माध्यम से पानी छोड़ा जाता है, तो जनरेटर द्वारा विद्युत शक्ति का उत्पादन किया जाता है।

भारत में, कुल बिजली उत्पादन का 12.3% या 46000 मेगावाट जलविद्युत द्वारा उत्पादित किया जाता है। प्रमुख पनबिजली संयंत्रों में महाराष्ट्र में कोयना नदी पर कोयना जलविद्युत परियोजना, उत्तराखंड में टिहरी बांध, हिमाचल प्रदेश में सतलुज नदी पर भाखड़ा नंगल बांध, आंध्र प्रदेश में कृष्णा नदी पर श्रीशैलम और गुजरात में सरदार सरोवर बांध शामिल हैं।

2.7 परमाणु ऊर्जा

परमाणु ऊर्जा का उपयोग कोई नई बात नहीं है। परमाणु ऊर्जा की प्रक्रिया को पहली बार 1919 में अर्नेस्ट रदरफोर्ड द्वारा प्रदर्शित किया गया था जब उन्होंने परमाणु प्रतिक्रिया के लिए अल्फा कणों के साथ नाइट्रोजन पर बमबारी की थी। इससे पहले, 1808 में, परमाणु सिद्धांत ने वास्तव में अपनी पहली नींव विकसित की, जब जॉन डाल्टन ने एक पुस्तक प्रकाशित की जिसमें उन्होंने परमाणुओं पर विस्तार से चर्चा की।

1942 में, एनरिको फर्मी ने सहयोगियों के साथ पहले परमाणु ढेर का निर्माण किया जो आत्मनिर्भर आधार पर संचालित होता था और आधा वाट बिजली का उत्पादन करता था। जल्द ही इस ढेर को 200 वाट बिजली पैदा करने की अनुमति दी गई और इस तरह परमाणु युग की शुरुआत हुई।

इस समय से, परमाणु ऊर्जा प्रौद्योगिकी का एक बड़ा सौदा विकसित हुआ। परमाणु संरचना, परमाणु संख्या, समस्थानिक और ऊर्जा जैसे विचारों की और जांच की गई। फर्मी की खोज के कुछ वर्षों के भीतर कई वैज्ञानिक विकास हुए।

परमाणु ऊर्जा के आगमन और कोयले की कमी के साथ, एक महत्वाकांक्षी परमाणु ऊर्जा कार्यक्रम शुरू किया गया था जिसका उद्देश्य 500 मेगावाट या उससे अधिक के संयुक्त उत्पादन वाले 12 परमाणु ऊर्जा स्टेशनों का निर्माण करना था।

चित्र: 2000 मेगावाट की स्थापित क्षमता के साथ तमिलनाडु, भारत में कुडनकुलम परमाणु ऊर्जा संयंत्र। Reetesh Chaurasia, CC BY-SA 4.0 <https://creativecommons.org/licenses/by-sa/4.0>, via Wikimedia Commons

2.8 परमाणु विद्युत ऊर्जा संयंत्र

विखंडन या संलयन परमाणु प्रतिक्रियाओं से प्राप्त शक्ति को परमाणु शक्ति के रूप में जाना जाता है। अधिक परंपरागत रूप से, परमाणु ऊर्जा को विद्युत ऊर्जा उत्पादन के लिए भाप का उत्पादन करने के लिए परमाणु ऊर्जा रिएक्टर में विखंडन प्रतिक्रियाओं के उपयोग के रूप में व्याख्या की जाती है।

विखंडन प्रतिक्रियाओं में भारी वजन वाले परमाणुओं के नाभिक का टूटना और उपज-ऊर्जा रिलीज शामिल है जो ईंधन के जलने से जुड़ी रासायनिक प्रतिक्रियाओं से दस लाख गुना अधिक है। परमाणु विखंडन प्रतिक्रिया का सफल नियंत्रण ऊर्जा के इस गहन स्रोत के उपयोग के लिए प्रदान करता है, और यूरेनियम जमा के पर्याप्त स्रोतों की उपलब्धता के साथ, विद्युत ऊर्जा उत्पादन के लिए काफी सस्ती ईंधन लागत प्राप्त करने योग्य है। सुरक्षित, स्वच्छ और आर्थिक परमाणु संयंत्र कुछ समय के लिए उद्योग के शोध का उद्देश्य रहे हैं। दूसरी ओर, परमाणु ऊर्जा के आलोचक नए परमाणु संयंत्रों पर प्रतिबंध या कम से कम स्थगन की मांग करते हैं।

परमाणु विद्युत ऊर्जा संयंत्र के घटक इस प्रकार हैं:

- परमाणु रिएक्टर: एक या अधिक परमाणु ईंधन का उपयोग उपयुक्त प्रकार के परमाणु रिएक्टर में किया जाता है। यह कोयले या डीजल पर आधारित एक विशिष्ट स्टीम इलेक्ट्रिक प्लांट में दहन भट्टी की जगह लेता है।
- हीट एक्सचेंज और बॉयलर, यदि परमाणु रिएक्टर में संयुक्त नहीं हैं
- टर्बाइन
- वैकल्पिक विद्युत प्रवाह जनरेटर
- नियंत्रण और सहायक उपकरण

परमाणु ऊर्जा से जुड़े अंतर्निहित खतरे, जिसमें प्लूटोनियम के संभावित व्यापक पैमाने पर उपयोग सहित अभूतपूर्व मात्रा में रेडियोधर्मी सामग्री शामिल है, को समझा गया है और यह चिंता का कारण है। सुरक्षा, पारिस्थितिक और जैव चिकित्सा अध्ययन, अनुसंधान और परीक्षण के लिए एक व्यापक कार्यक्रम को परमाणु ऊर्जा की इंजीनियरिंग की प्रगति के साथ एकीकृत किया गया है।

2.9 परमाणु पंप भंडारण योजनाएं

पंप भंडारण योजनाएं परमाणु ऊर्जा स्टेशनों के लिए बेस लोड इकाइयों के रूप में अधिक महत्वपूर्ण होती जा रही हैं। इसका मतलब यह है कि जब बिजली की मांग कम होती है, जैसे कि रात के समय, परमाणु ऊर्जा स्टेशन उत्पादन का उपयोग दिन के दौरान जलविद्युत उत्पादन के लिए निचले स्तर से जलाशय तक पानी पंप करने के लिए किया जाएगा। परमाणु ऊर्जा पंप भंडारण योजनाओं के साथ इस तरह के संयुक्त सिस्टम अंतरराष्ट्रीय स्तर पर कई शहरों में उपयोग किए जाते हैं।

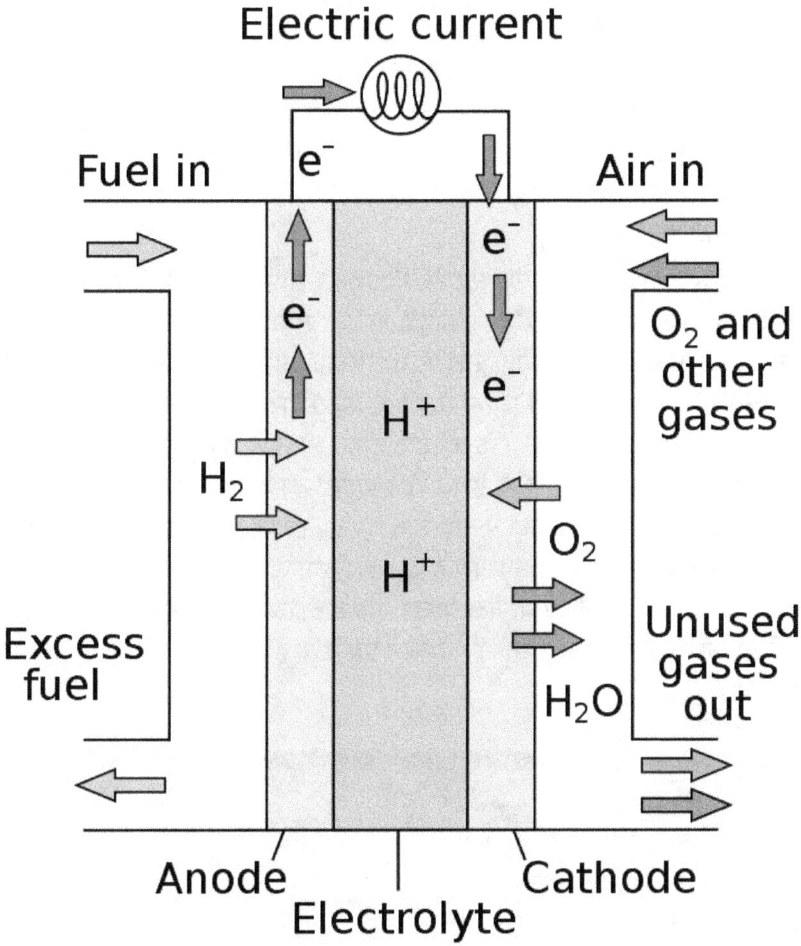

चित्र: एक प्रोटॉन-संचालन ईंधन सेल की योजना। R.Dervisoglu, Public domain, via Wikimedia Commons

2.10 ईंधन सेल

बिजली उत्पादन के क्षेत्र में एक आशाजनक विकास ईंधन सेल है और यह बहुत रुचि का विषय रहा है। यहां, रासायनिक प्रतिक्रिया से सीधे बिजली उत्पन्न होती है। एक ईंधन सेल एक ऊर्जा कनवर्टर है जो एक निरंतर प्रक्रिया में ईंधन की रासायनिक ऊर्जा को सीधे विद्युत ऊर्जा में परिवर्तित करता है। हालांकि इसे एक सदी से भी पहले खोजा गया था, लेकिन नए

ऊर्जा स्रोतों को खोजने की आवश्यकता के कारण यह नए सिरे से रुचि का लक्ष्य है।

रासायनिक ऊर्जा के विद्युत में ईंधन सेल रूपांतरण की दक्षता थर्मल पावर रूपांतरण द्वारा प्राप्त की तुलना में बहुत अधिक हो सकती है, जहां दहन द्वारा रासायनिक प्रतिक्रिया से गर्मी उत्पन्न होती है और फिर गर्मी इंजन द्वारा आंशिक रूप से यांत्रिक ऊर्जा में परिवर्तित हो जाती है, जो एक जनरेटर को चलाता है विद्युत ऊर्जा का उत्पादन करने के लिए। यदि उत्पन्न प्रत्यक्ष धारा को प्रत्यावर्ती धारा या AC में परिवर्तित किया जाता है तो आगे ऊर्जा हानि शामिल होती है।

2.11 ईंधन सेल प्रतिक्रिया

हालांकि सिद्धांत रूप में अभिकारकों की प्रकृति सीमित नहीं है, ईंधन सेल प्रतिक्रिया में लगभग हमेशा ऑक्सीजन के साथ हाइड्रोजन का संयोजन शामिल होता है। यदि 100% दक्षता पर काम कर रहे गैल्वेनिक सेल में प्रतिक्रिया का उपयोग किया जाता है, तो 1.23 वोल्ट का सेल वोल्टेज होता है। फ्यूल सेल 200-500 वाट क्षमता और 50-100 mA/cm^2 करंट डेंसिटी के होते हैं। ईंधन सेल के बड़े प्रोटोटाइप भी तैयार किए गए हैं।

विकास की वर्तमान स्थिति में, ईंधन सेल प्रकारों का वर्गीकरण करना कठिन है। सबसे सफल प्रकार प्रत्यक्ष या अप्रत्यक्ष प्रकार का $H_2 - O_2$ ईंधन सेल रहता है। प्रत्यक्ष प्रकार में, हाइड्रोजन और ऑक्सीजन का उपयोग इस तरह किया जाता है, ईंधन स्वतंत्र प्रतिष्ठानों में उत्पादित किया जा रहा है। अप्रत्यक्ष प्रकार एक हाइड्रोजन उत्पन्न करने वाली इकाई को नियोजित करता है, जिसका उपयोग विभिन्न प्रकार के ईंधन में कच्चे माल के रूप में किया जा सकता है।

चित्र: 2245 मेगावाट की क्षमता वाला भादला सोलर पार्क, राजस्थान. Contains modified Copernicus Sentinel data 2020, Attribution, via Wikimedia Commons

2.12 सौर ऊर्जा

सौर ऊर्जा के पीछे का सिद्धांत सूर्य से सौर ऊर्जा को फोटोवोल्टिक कोशिकाओं का उपयोग करके बिजली में बदलना है। फोटोवोल्टिक कोशिकाएं अर्धचालक पदार्थों से बनी होती हैं जो प्रकाश को विद्युत प्रवाह में परिवर्तित करने के लिए फोटोवोल्टिक प्रभाव का उपयोग करती हैं।

चूंकि भारत एक उष्ण कटिबंधीय देश है जहां सूर्य का प्रकाश प्रचुर मात्रा में है, भारत में सौर ऊर्जा एक तेजी से विकसित होने वाला क्षेत्र है। 2022 में भारत में सौर स्थापित क्षमता 53.997 GW थी। विभिन्न राज्यों में रूफटॉप सोलर पैनल इंस्टॉलेशन बढ़ रहे हैं। सौर ऊर्जा उत्पादन सुविधाओं में राजस्थान में भादला सौर पार्क शामिल है, जो उत्पादन के मामले में दुनिया का सबसे बड़ा सौर पार्क है।

2.13 निष्कर्ष

इस अध्याय में हमने विद्युत शक्ति के विभिन्न स्रोतों और कोयला, तेल, परमाणु और जल शक्ति जैसे विभिन्न साधनों का उपयोग करके बिजली संयंत्रों में इसे कैसे उत्पन्न किया जाता है, इस पर संक्षेप में चर्चा की है। अगले अध्यायों में हम उत्पन्न बिजली के संचरण और वितरण से संबंधित पहलुओं पर चर्चा करेंगे।

संदर्भ

Wikipedia. Electricity Sector in India. https://en.wikipedia.org/wiki/ Electricity_sector_in_India

3

विद्युत शक्ति संचरण

इस अध्याय में, हम बिजली उत्पादन स्टेशनों से उपभोक्ताओं को बिजली पारेषण लाइनों के माध्यम से बिजली के संचरण के कुछ पहलुओं पर चर्चा करते हैं।

चित्र: विद्युत पारेषण लाइनें। Photo by Pixabay from Pexels:
https://www.pexels.com/photo/cable-clouds-current-electricity-414967/

3.1 संचरण लाइनें

ट्रांसमिशन (संचरण) लाइन कंडक्टरों की एक प्रणाली है, आमतौर पर केबल, जो कम से कम नुकसान और न्यूनतम विकृतियों के साथ दो या दो से अधिक रिसीवर टर्मिनलों के बीच बड़ी दूरी के साथ सिग्नल की विद्युत शक्ति के संचालन के लिए उपयुक्त हैं।

संचरण लाइनों के कुछ उदाहरण इस प्रकार हैं:

- वाणिज्यिक आवृत्ति विद्युत संचरण लाइनें विद्युत उत्पादन संयंत्रों, सबस्टेशनों और उनके भार को जोड़ती हैं।
- टेलीफोन प्रसारण टेलीफोन उपभोक्ताओं और टेलीफोन एक्सचेंजों को आपस में जोड़ते हैं।
- रेडियो फ़्रीक्वेंसी ट्रांसमिशन लाइनें एंटेना और ट्रांसमीटर या रिसीवर के बीच उच्च आवृत्ति सिग्नल संचारित करती हैं।

यद्यपि बिजली के लैंप को दीवार के आउटलेट से जोड़ने के लिए केवल एक छोटी कॉर्ड की आवश्यकता होती है, यहां तक कि इस तरह के कॉर्ड को भी ट्रांसमिशन लाइन कहा जा सकता है। हालाँकि, विद्युत उद्योग में, ट्रांसमिशन लाइन शब्द का उपयोग केवल तब किया जाता है जब एक लाइन टर्मिनस पर वोल्टेज और करंट दोनों दूसरे टर्मिनस से काफी भिन्न हो सकते हैं।

ट्रांसमिशन लाइनों को निम्नानुसार वर्णित किया गया है:

- विद्युत रूप से छोटा: यदि टर्मिनल स्थितियों के बीच का अंतर केवल एक शंट रिसाव प्रतिरोध और समाई, या दोनों के प्रभावों के कारण होता है।
- विद्युत रूप से लंबा: जब रेखा के गुण यात्रा तरंग घटना के परिणामस्वरूप होते हैं।

कंडक्टरों के विन्यास और संख्या और कंडक्टरों के बारे में विद्युत और चुंबकीय क्षेत्रों के आधार पर, ट्रांसमिशन लाइनों को ओपन वायर ट्रांसमिशन लाइन, समाक्षीय ट्रांसमिशन लाइन, केबल या वेव गाइड ट्रांसमिशन लाइन के रूप में वर्णित किया जाता है।

अधिकांश ट्रांसमिशन लाइनें ओवरहेड या जमीन के ऊपर होती हैं। सौंदर्य संबंधी कारणों से, कुछ आवासीय विकासों में भूमिगत वितरण प्रणालियाँ हैं।

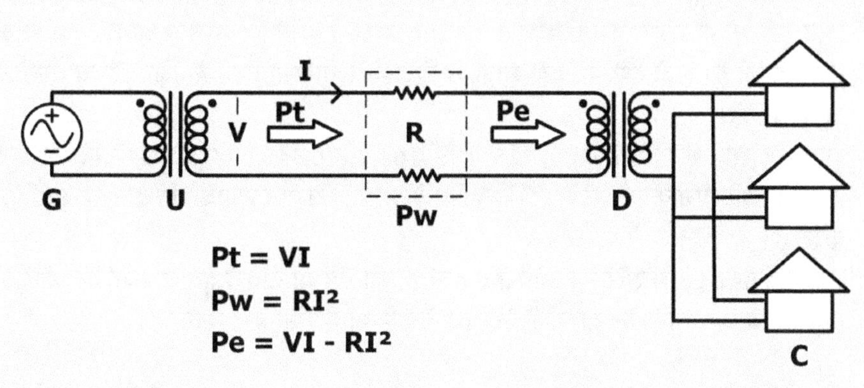

चित्र: लंबी दूरी की विद्युत विद्युत पारेषण लाइन का एक योजनाबद्ध प्रतिनिधित्व।
Roy McCammon, CC0, via Wikimedia Commons

3.2 संचरण लाइनों का सिद्धांत

जब विद्युत शक्ति को एक ट्रांसमिशन लाइन के टर्मिनस पर लागू किया जाता है, तो विद्युत चुम्बकीय तरंगों को लॉन्च किया जाता है और लाइन के साथ निर्देशित किया जाता है। ट्रांसमिशन लाइनों की स्थिर स्थिति और क्षणिक विद्युत गुण ऐसी तरंगों के सुपरपोजिशन के परिणामस्वरूप होते हैं, जिन्हें सीधी तरंगें कहा जाता है, और परावर्तित तरंगें जो लाइन के बंद होने या लोड टर्मिनलों पर दिखाई दे सकती हैं।

एक समान या गैर-पतला ट्रांसमिशन लाइन में, एक भेजने वाले टर्मिनल पर लगाया गया वोल्टेज या करंट करंट तरंग के प्रारंभिक वोल्टेज के आकार को निर्धारित करता है। नगण्य नुकसान के साथ, संचरित आकार अपरिवर्तित रहता है। जब नुकसान मौजूद होते हैं, वोल्टेज या करंट का आकार, जब तक कि साइनसोइडल नहीं होता है, बदल दिया जाता है, क्योंकि चरण वेग और प्रत्यावर्तन आवृत्ति के साथ भिन्न होता है।

3.3 पावर लाइन्स

एक विद्युत शक्ति प्रणाली में, एक स्थान से दूर स्थान पर बड़ी मात्रा में बिजली स्थानांतरित करने के लिए उपयोग की जाने वाली सुविधा को विद्युत पारेषण लाइन कहा जाता है।

विद्युत पारेषण की तकनीक इस प्रकार प्रस्तुत की गई है:

• विद्युत पारेषण लाइनों को उप-संचरण और वितरण लाइनों से उनके उच्च वोल्टेज, अधिक बिजली क्षमताओं और अधिक लंबाई से अलग किया जाता है।

- विशेष आवश्यकताओं को पूरा करने के लिए कुछ उच्च वोल्टेज डीसी लाइनों के अपवाद के साथ, विद्युत पारेषण लाइनें तीन चरण प्रत्यावर्ती धाराओं को नियोजित करती हैं।

- ऐसी रेखाओं के लिए तीन कंडक्टरों की आवश्यकता होती है। मानक आवृत्ति 60 हट्र्ज / 50 हट्र्ज है। लंबी दूरी पर बड़ी मात्रा में बिजली संचारित करने के लिए, उच्च वोल्टेज आवश्यक हैं।

- मानक ट्रांसमिशन वोल्टेज 69, 115, 138, 161, 230, 345, 500 और 765 किलोवोल्ट हैं। ये आंकड़े तीन कंडक्टरों में से किन्हीं दो के बीच नाममात्र प्रभावी वोल्टेज को संदर्भित करते हैं।

- लाइन कंडक्टर आमतौर पर ओवरहेड होते हैं, जो डंडे या टावरों द्वारा समर्थित होते हैं, हालांकि वे एक भूमिगत या पानी के नीचे केबल का हिस्सा बन सकते हैं।

3.4 निष्कर्ष

इस अध्याय में हमने उत्पादन संयंत्रों से अंतिम उपभोक्ताओं तक मुख्य रूप से एसी करंट का उपयोग करके पारेषण लाइनों के माध्यम से उत्पन्न बिजली के संचरण से संबंधित कुछ अवधारणाओं पर चर्चा की है।

4

विद्युत वितरण प्रणाली

इस अध्याय में, हम बिजली वितरण के पहलुओं पर चर्चा करते हैं। बिजली उत्पन्न होने और संचारित होने के बाद, इसे घरों और कार्यालयों में वितरित करने का अंतिम कार्य होता है। यही वह पहलू है जिस पर हम यहां विचार कर रहे हैं।

4.1 विद्युत वितरण प्रणाली क्या है

विद्युत शक्ति प्रणाली का वह भाग जो व्यक्तिगत उपयोगकर्ताओं और उपभोक्ताओं को विद्युत ऊर्जा की आपूर्ति करता है, विद्युत वितरण प्रणाली कहलाता है।

वितरण प्रणाली में प्राथमिक सर्किट और वितरण सबस्टेशन शामिल हैं जो उन्हें आपूर्ति करते हैं, वितरण ट्रांसफार्मर, माध्यमिक सर्किट, उपभोक्ता को सेवाएं और उपयुक्त सुरक्षात्मक और नियंत्रण उपकरणों सहित।

व्यक्तिगत उपयोगकर्ताओं के चार सामान्य वर्ग आवासीय, औद्योगिक, वाणिज्यिक और ग्रामीण हैं।

4.2 प्रत्यावर्ती धारा या एसी (AC)

प्रत्यावर्ती धारा या एसी वह धारा है जो समय-समय पर दिशा को उलट देती है, आमतौर पर प्रति सेकंड कई बार। डीसी या डायरेक्ट करंट की तुलना में ट्रांसमिशन के दौरान कम नुकसान के कारण यह करंट का प्रकार है जो आमतौर पर सार्वजनिक बिजली की आपूर्ति के लिए उपयोग किया जाता है।

विद्युत ऊर्जा आमतौर पर सार्वजनिक या निजी उपयोगिता संगठनों द्वारा उत्पन्न की जाती है और विभिन्न प्रकार के ग्राहकों को प्रत्यावर्ती धारा के रूप में प्रदान की जाती है। एक पूर्ण अवधि, जिसमें धारा पहले एक दिशा में और फिर विपरीत दिशा में प्रवाहित होती है, चक्र कहलाती है। भारत और कई अन्य देशों में बिजली की आपूर्ति 50 चक्र प्रति सेकंड या 50 हर्ट्ज पर है, जो संयुक्त राज्य अमेरिका जैसे देशों से अलग है जहां 60 हर्ट्ज सामान्य आवृत्ति है।

भारत में घरेलू बिजली आपूर्ति आमतौर पर 220 से 250 वोल्ट पर होती है। एक प्रत्यावर्ती धारा के वोल्टेज को एक ट्रांसफार्मर द्वारा बदला जा सकता है। ट्रांसफार्मर एक साधारण सस्ता स्थिर उपकरण है जो मध्यम वोल्टेज पर विद्युत शक्ति के उत्पादन, उच्च वोल्टेज पर कई मील के लिए कुशल संचरण और सुविधाजनक कम वोल्टेज पर वितरण और खपत की अनुमति देता है।

डायरेक्ट और यूनिडायरेक्शनल करंट (DC करंट) से वोल्टेज बदलने के लिए ट्रांसफार्मर का इस्तेमाल करना संभव नहीं है। कुछ बिजली लाइनों पर, विद्युत ऊर्जा को प्रत्यक्ष धारा के रूप में बड़ी दूरी पर प्रेषित किया जाता है, लेकिन विद्युत ऊर्जा को प्रत्यावर्ती धारा के रूप में उत्पन्न किया जाता है, एक उच्च वोल्टेज में परिवर्तित किया जाता है, फिर एक प्रत्यक्ष धारा में परिवर्तित किया जाता है और प्रेषित किया जाता है, फिर एक इन्वर्टर द्वारा वापस AC परिवर्तित किया जाता है। करंट या एसी अंत में, इसे वितरण और उपयोग के लिए कम वोल्टेज में बदल दिया जाता है।

ऊर्जा के कुशल संचरण की अनुमति देने के अलावा, प्रत्यावर्ती धारा या एसी जनरेटर और मोटर्स के डिजाइन के लिए लाभ प्रदान करता है और कुछ उद्देश्यों के लिए बेहतर परिचालन विशेषताएँ देता है।

चित्र: 208Y/120 वोल्ट सेवा के लिए चार तार आउटपुट के साथ तीन चरण ट्रांसफार्मर: तटस्थ के लिए एक तार, A, B और C चरणों के लिए अन्य। Glogger at English Wikipedia, CC BY-SA 3.0 <http://creativecommons.org/licenses/by-sa/3.0/>, via Wikimedia Commons

4.3 तीन चरण एसी

तीन-चरण प्रत्यावर्ती धारा (एसी) प्रणाली व्यावहारिक रूप से सार्वभौमिक है, हालांकि पहले के दिनों से कुछ दो चरण और प्रत्यक्ष वर्तमान (डीसी) सिस्टम अभी भी संचालन में हैं। थ्री फेज ट्रांसमिशन और सब-ट्रांसमिशन लाइनों के लिए फेज कंडक्टर कहे जाने वाले तीन तारों की आवश्यकता होती है।

तीन चरण वितरण प्रणालियों में से अधिकांश में तीन चरण कंडक्टर और एक सामान्य या तटस्थ कंडक्टर होता है, जिससे कुल चार तार बनते हैं। सिंगल फेज शाखाओं, जिसमें दो तार होते हैं, तीन फेज लाइनों से आपूर्ति की जाती हैं, का उपयोग आवासों, छोटी दुकानों आदि

में सिंगल फेज उपयोग के लिए किया जाता है। लोड सामान्य आपूर्ति सर्किट के समानांतर में जुड़े होते हैं।

4.4 वितरण सबस्टेशन

वितरण सबस्टेशन उप-ट्रांसमिशन से प्राथमिक वितरण तक वोल्टेज को स्विच करने, बदलने और विनियमित करने के उद्देश्य से उपकरणों का एक संयोजन है। कई सबस्टेशनों को डिज़ाइन किया गया है ताकि सबस्टेशन या सब-ट्रांसमिशन लाइनों में से किसी भी सबस्टेशन में उपकरण के एक टुकड़े की विफलता से लोड को बिजली की रुकावट न हो।

सबस्टेशन को छोड़ने वाली प्राथमिक प्रणाली ज्यादातर 11000 से 15000 वोल्ट रेंज में होती है। इस्तेमाल किया जाने वाला एक विशेष वोल्टेज 12470 वोल्ट लाइन-टू-लाइन और 7200 वोल्ट लाइन-टू-न्यूट्रल है, जिसे पारंपरिक रूप से 12470 Y/7200 वोल्ट के रूप में लिखा जाता है। कुछ उपयोगिताएँ कम वोल्टेज का उपयोग करती हैं जैसे कि 4160 Y/2400 वोल्ट। माध्यमिक वोल्टेज प्राथमिक प्रणाली से जुड़े वितरण ट्रांसफार्मर से प्राप्त होते हैं और वे आमतौर पर उपयोग वोल्टेज के अनुरूप होते हैं।

आवासीय और अधिकांश ग्रामीण भार की आपूर्ति 120-240 वोल्ट सिंगल फेज थ्री वायर सिस्टम पर की जाती है। वाणिज्यिक और छोटी व्यावसायिक आवश्यकताओं की आपूर्ति या तो 208Y/120 वोल्ट या 480Y/277 वोल्ट तीन चरण चार तार प्रणालियों द्वारा की जाती है। सेकेंडरी वोल्टेज का उपयोग आमतौर पर उपभोक्ताओं को आपूर्ति के अलावा कई स्ट्रीट लाइट की आपूर्ति के लिए किया जाता है।

4.5 सेवा निरंतरता

सेवा निरंतरता उपभोक्ताओं को निर्बाध विद्युत शक्ति प्रदान करना है। अच्छी निरंतरता का अर्थ है समय के उच्च प्रतिशत के लिए गैर-बाधित बिजली आपूर्ति प्रदान करना। यह बड़े औद्योगिक और वाणिज्यिक भार के लिए किसी न किसी प्रकार की डुप्लिकेट बिजली आपूर्ति का उपयोग करके पूरा किया जाता है।

शहर के वाणिज्यिक क्षेत्रों को तीन चरण 208Y/120V ग्रिड नेटवर्क से आपूर्ति की जाती है। सिस्टम को इस तरह से व्यवस्थित किया गया है कि प्राइमरी फीडर के खराब होने से सेकेंडरी पर लोड का नुकसान न हो।

वाणिज्यिक भवनों और शॉपिंग सेंटरों को अक्सर स्पॉट नेटवर्क द्वारा परोसा जाता है। स्पॉट नेटवर्क में, सभी ट्रांसफॉर्मर और प्रोटेक्टर एक ही स्थान पर होते हैं।

आवासीय और ग्रामीण भार आमतौर पर एक रेडियल सिस्टम द्वारा आपूर्ति की जाती है। विफलता के कारण आउटेज की सीमा को कम करने के लिए फ़्यूज़, सर्किट ब्रेकर और मैनुअल स्विच के साथ सिस्टम को विभाजित करके उनके लिए अच्छी निरंतरता प्राप्त की जाती है।

4.6 निष्कर्ष

इस अध्याय में हमने घरेलू और औद्योगिक उपभोक्ताओं को बिजली वितरित करने के लिए बिजली वितरण प्रणाली के पहलुओं का अध्ययन किया है।

5

इलेक्ट्रिक पावर सबस्टेशन

इस अध्याय में, हम इलेक्ट्रिक पावर सबस्टेशन पर चर्चा करते हैं, जो उपभोक्ताओं को बिजली के पारेषण और वितरण में एक महत्वपूर्ण कदम है।

चित्र: चेन्नई में एक विद्युत शक्ति सबस्टेशन

5.1 विद्युतशक्तिसबस्टेशनक्याहैऔरइसकाउपयोगकिसलिएकियाजाताहै

एक इलेक्ट्रिक पावर सबस्टेशन एक इलेक्ट्रिक पावर सिस्टम में उपकरणों की एक असेंबली है जिसके माध्यम से ट्रांसमिशन, वितरण, इंटरकनेक्शन, परिवर्तन, रूपांतरण और स्विचिंग के लिए विद्युत ऊर्जा पारित की जाती है।

विशेष रूप से, सबस्टेशनों का उपयोग निम्नलिखित में से कुछ या सभी उद्देश्यों के लिए किया जाता है:

- जनरेटर, पारेषण या वितरण लाइनों का एक दूसरे से कनेक्शन
- एक वोल्टेज से दूसरे वोल्टेज में बिजली का परिवर्तन
- शक्ति के वैकल्पिक स्रोतों का अंतर्संयोजन
- वैकल्पिक कनेक्शन के लिए स्विचिंग
- विफल या ओवरहेड लाइनों और उपकरणों का अलगाव
- नियंत्रण प्रणाली वोल्टेज और बिजली प्रवाह
- प्रतिक्रियाशील शक्ति मुआवजा
- ओवरवॉल्टेज का दमन और दोषों का पता लगाना
- सूचना, शक्ति माप और दूरस्थ संचार की निगरानी और रिकॉर्डिंग

मामूली वितरण या ट्रांसमिशन उपकरण को सबस्टेशन के रूप में संदर्भित नहीं किया जाता है।

5.2 सबस्टेशनकेप्रकार

सबस्टेशनों को उनके द्वारा किए जाने वाले मुख्य कर्तव्य द्वारा संदर्भित किया जाता है। मोटे तौर पर, उन्हें निम्नानुसार वर्गीकृत किया गया है:

- ट्रांसमिशनसबस्टेशन: जो उच्च वोल्टेज स्तरों से जुड़े होते हैं
- वितरणसबस्टेशन: जो कम वोल्टेज के स्तर से जुड़े होते हैं

5.3 सबस्टेशनकेघटक

- ट्रान्सफ़ॉर्मर
- सर्किट तोड़ने वाले
- डिस्कनेक्ट स्विच
- बस बार
- शंट रिएक्टर
- शंट कैपेसिटर
- वर्तमान और संभावित ट्रांसफार्मर
- नियंत्रण और सुरक्षा उपकरण

5.4 सबस्टेशनग्राउंडिंग

प्रभावी रिलेइंग और उपकरणों के इन्सुलेशन के लिए अच्छा सबस्टेशन ग्राउंडिंग बहुत महत्वपूर्ण है। हालांकि, सबस्टेशन ग्राउंडिंग के डिजाइन में कर्मियों की सुरक्षा शासी मानदंड है। ग्राउंडिंग उपकरण में आमतौर पर निम्न शामिल होते हैं:

- एक नंगे तार का ग्रिड, जमीन में बिछाया गया
- सभी उपकरण ग्राउंडिंग पॉइंट, टैंक, सपोर्ट स्ट्रक्चर, बाड़, परिरक्षण तार और पोल, और आगे, जो सुरक्षित रूप से नंगे तार ग्रिड से जुड़े हुए हैं

ग्राउंडिंग प्रतिरोध को काफी कम कर दिया जाता है ताकि उच्च वोल्टेज से जमीन पर कोई भी गलती जमीन पर और संरचनाओं से जमीन तक उच्च संभावित ग्रेडिएंट न बनाए। इस तरह के उच्च ग्रेडिएंट संभावित रूप से सुरक्षा के लिए खतरा पैदा कर सकते हैं।

बाहरी सबस्टेशनों के लिए अच्छा ओवरहेडपरिरक्षण भी आवश्यक है, ताकि उपकरण पर सीधे प्रकाश की संभावना को समाप्त किया जा सके। परिरक्षण सबस्टेशन या ऊंचे ग्राउंड पोल पर फैले ओवरहेड ग्राउंड वायर द्वारा प्रदान किया जाता है।

5.5 निष्कर्ष

इस अध्याय में हमने विद्युत शक्ति सबस्टेशन की विभिन्न अवधारणाओं और घटकों पर चर्चा की है, जो बिजली वितरण प्रणाली का एक महत्वपूर्ण हिस्सा है।

6

विद्युत ऊर्जा मापन

इस अध्याय में, हम खपत की गई विद्युत ऊर्जा के मापन से संबंधित पहलुओं पर चर्चा करते हैं। यह बिजली के उपयोग के लिए बिलिंग से भी जुड़ा हुआ है।

6.1 विद्युत ऊर्जा माप क्या है

विद्युत ऊर्जा माप एक समय की अवधि में विद्युत परिपथ में शक्ति के योग का माप है। विद्युत ऊर्जा की माप की इकाई जूल है, जो वोल्ट में संभावित अंतर से गुणा करके कूलम्ब में आवेश है। जूल, हालांकि, व्यावसायिक अभ्यास में उपयोग के लिए बहुत छोटा (1 वाट सेकंड) है, और अधिक सामान्यतः इस्तेमाल की जाने वाली इकाई वाट घंटा है, जो $3.6 * 10^3$ जूल है। सबसे आम माप अनुप्रयोग उस क्षेत्र में है जहां घरों में उपयोग की जाने वाली विद्युत ऊर्जा को मापा और बिल किया जाना है।

विद्युत ऊर्जा आम जनता को बेची जाने वाली सबसे सटीक मापी जाने वाली वस्तुओं में से एक है। सटीकता की विभिन्न डिग्री के साथ माप के कई तरीके संभव हैं।

विद्युत ऊर्जा के मापन को दो श्रेणियों में वर्गीकृत किया जा सकता है:

- प्रत्यक्ष वर्तमान (डीसी) शक्ति
- प्रत्यावर्ती धारा (एसी) शक्ति

माप की मूलभूत अवधारणाएं दोनों के लिए समान हैं।

विद्युत ऊर्जा को मापने के दो प्रकार के तरीके हैं: विद्युत उपकरण और समय, और बिजली मीटर।

6.2 विद्युत माप और समय

इसका अर्थ है विद्युत शक्ति और समय को मापने के लिए पारंपरिक प्रक्रियाओं का उपयोग करना। माप के विशिष्ट तरीके नीचे सूचीबद्ध हैं:

- एक मापा अवधि में नियमित अंतराल पर लाइन वोल्टेज और लोड करंट को पढ़कर एक डायरेक्ट करंट (DC) सर्किट पर ऊर्जा का मापन।
- एक पूर्व निर्धारित समय अंतराल के लिए निरंतर पूर्व निर्धारित मूल्यों पर वोल्टेज और विद्युत प्रवाह को नियंत्रित करके प्रत्यक्ष वर्तमान (DC) सर्किट पर ऊर्जा का मापन।
- एक मापा अवधि में नियमित अंतराल पर भार के वाट इनपुट को पढ़कर एक प्रत्यावर्ती धारा (AC) सर्किट पर ऊर्जा का मापन।
- एक प्रत्यावर्ती धारा (AC) सर्किट पर ऊर्जा का मापन, निरंतर पूर्व निर्धारित मूल्यों पर भार के वाट इनपुट को पढ़कर।
- एक रेखीय चार्ट पर भार के वाट इनपुट को रिकॉर्ड करके ऊर्जा का मापन।

חברת החשמל לישראל
מונה חד מופעי - 2 תילים
דגם בע - 9
kWh
230V 20-80A 50Hz 225Rev/kWh
מס' 1834628
ELCO
1993
132

चित्रा: पारदर्शी प्लास्टिक कवर के साथ एक बिजली मीटर। By Zomettapuach - Own work, CC BY-SA 3.0, https://commons.wikimedia.org/w/index.php?curid=27772048

6.3 बिजली मीटर

विद्युत मीटर उद्योग और आम जनता द्वारा उपयोग की जाने वाली विद्युत ऊर्जा की विशाल मात्रा को मापने के लिए सबसे आम उपकरण हैं।

माप के समान मूल तत्व विद्युत मीटर में विद्युत शक्ति माप के लिए लागू होते हैं, लेकिन इसके अलावा, बिजली मीटर विद्युत ऊर्जा माप के लिए आवश्यक समय-एकीकृत साधन प्रदान करता है। कभी-कभी एक मीटर का उपयोग दो या दो से अधिक परिपथों में खपत ऊर्जा को मापने के लिए किया जाता है। हालांकि, इस उद्देश्य के लिए आमतौर पर मल्टी-स्टेटर मीटर की आवश्यकता होती है।

वाट-घंटे मीटर आम तौर पर अपने संबंधित विद्युत प्रवाह सर्किट के नुकसान को मापने के लिए जुड़े होते हैं। मापी जा रही कुल ऊर्जा की तुलना में नुकसान बहुत कम हैं और केवल लोड स्थितियों के तहत मौजूद हैं। आवासीय, वाणिज्यिक और औद्योगिक भार की बिलिंग के लिए उपयोग किए जाने वाले वाट घंटे मीटर अत्यधिक विकसित उपकरण हैं।

6.4 निष्कर्ष

इस अध्याय में हमने विभिन्न प्रकार के बिजली मीटरों और अन्य विधियों के माध्यम से बिजली की माप और बिजली के उपयोग की बिलिंग की अवधारणाओं पर चर्चा की है।

7

विद्युत सुरक्षा उपकरण

इस अध्याय में, हम उद्योग में उपयोग किए जाने वाले विभिन्न विद्युत सुरक्षा उपकरणों पर चर्चा करते हैं।

7.1 विद्युत सुरक्षा उपकरण क्या हैं और उनका उपयोग क्यों किया जाता है

ये असामान्य स्थितियों का पता लगाने और उचित सुधारात्मक कार्रवाई शुरू करने के लिए विद्युत शक्ति प्रणालियों पर लागू होने वाले उपकरण हैं।

विद्युत शक्ति प्रणालियों के सामान्य संचालन में गड़बड़ी निम्नलिखित के कारण हो सकती है:

- प्राकृतिक घटनाओं से, जैसे बिजली, हवा या बर्फ
- लापरवाह चालकों की वजह से होने वाली दुर्घटनाएं
- संयंत्र रखरखाव कर्मियों के अनजाने कृत्यों, या मनुष्यों के अन्य कृत्यों द्वारा
- सिस्टम में ही उत्पन्न स्थितियों से, जैसे स्विचिंग सर्ज, लोड स्विंग्स या उपकरण विफलता

इसलिए विद्युत सेवा की निरंतरता सुनिश्चित करने, कर्मियों को चोट को सीमित करने और असामान्य स्थितियों के विकसित होने पर उपकरणों को नुकसान को सीमित करने के लिए सुरक्षात्मक उपकरणों को बिजली प्रणाली पर स्थापित किया जाना चाहिए।

सुरक्षात्मक उपकरण, किसी भी प्रकार के बीमा की तरह, वांछित सुरक्षा की डिग्री के अनुरूप लागू होते हैं। इस कारण से, सुरक्षात्मक उपकरणों का उपयोग जगह-जगह बदल सकता है।

7.2 सुरक्षात्मक क्षेत्र

सुरक्षा लागू करने के उद्देश्य से, विद्युत शक्ति प्रणाली को पाँच प्रमुख सुरक्षात्मक क्षेत्रों में विभाजित किया गया है:

- जेनरेटर
- ट्रान्सफ़ॉर्मर
- बसों
- ट्रांसमिशन और वितरण लाइनें
- मोटर्स

प्रत्येक ब्लॉक में सभी प्रत्याशित परेशानी स्थितियों के लिए उस क्षेत्र के सुधार या अलगाव को आरंभ करने के लिए सुरक्षात्मक रिले और संबंधित उपकरण का एक सेट होता है। उपकरण को भौतिक रूप से डिस्कनेक्ट करने के लिए उपयोग किए जाने वाले सर्किट ब्रेकर के साथ सुरक्षात्मक रिले द्वारा पता लगाया जाता है।

चित्र: हाइड्रोइलेक्ट्रिक जनरेटिंग प्लांट में इलेक्ट्रोमैकेनिकल सुरक्षात्मक रिले। Wtshymanski at en.wikipedia, CC BY-SA 3.0 <https://creativecommons.org/licenses/by-sa/3.0>, via Wikimedia Commons

7.3 सुरक्षात्मक रिले

ये एनालॉग या डिजिटल नेटवर्क हैं जो पूरे सिस्टम से जुड़े हुए हैं ताकि उनके निर्दिष्ट क्षेत्र या क्षेत्रों में असहनीय स्थितियों का पता लगाया जा सके। वे वोल्टेज, करंट, करंट डायरेक्टेड पावर फैक्टर, पावर इम्पीडेंस, तापमान आदि पर काम करते हैं, साथ ही इनके संयोजन भी।

सिस्टम दोष जिसके लिए रिले प्रतिक्रिया करते हैं, आमतौर पर चरण कंडक्टरों के बीच या चरणों और जमीन के बीच शॉर्ट सर्किट होते हैं। कुछ रिले चरणों के बीच असंतुलन पर काम करते हैं, जैसे कि एक खुला चरण या उलटा चरण।

सबसे मौलिक और व्यापक रूप से इस्तेमाल की जाने वाली सुरक्षा तकनीक विभेदक सिद्धांत है। संरक्षित किए जाने वाले उपकरणों में प्रवाहित होने वाली धारा की तुलना बाहर बहने वाली धारा से की जाती है। सामान्य और अनुमेय संचालन के लिए, सभी योगों को अनिवार्य रूप से शून्य कर देता है। हालांकि, आंतरिक परेशानी के लिए, वे रिले के माध्यम से प्रवाहित होते हैं।

यद्यपि अनुप्रयोग और सुरक्षा सिद्धांत समान हैं, रिले इकाइयाँ या तो विद्युत चुम्बकीय या ठोस-अवस्था प्रकार की हो सकती हैं, जिन्हें स्थैतिक (static) भी कहा जाता है।

प्लंजर टाइप रिले एक कॉइल, प्लंजर और कॉन्टैक्ट्स के सेट से बना होता है। जब कॉइल में करंट I प्रवाहित होता है, तो एक बल उत्पन्न होता है जो प्लंजर को रिले संपर्कों को स्थानांतरित करने और बंद करने का कारण बनता है।

इलेक्ट्रोमैग्नेटिक इंडक्शन डिस्क रिले केवल अल्टरनेटिंग करंट (AC) पर प्रतिक्रिया करता है। मुख्य कुंडल एक शाश्वत स्रोत से जुड़ा है। जब मेन कॉइल में करंट प्रवाहित होता है, तो ट्रांसफॉर्मर क्रिया ऊपरी ध्रुवों से जुड़े सेकंडरी सर्किट में करंट को प्रेरित करती है।

7.4 ओवरकुरेंट (अतिप्रवाह) संरक्षण

असामान्य रूप से उच्च विद्युत धाराओं को अति ताप करने और उपकरणों पर यांत्रिक तनाव पैदा करने से रोकने के लिए सभी प्रणालियों पर अतिप्रवाह संरक्षण प्रदान किया जाना चाहिए। एक बिजली व्यवस्था में ओवरकुरेंट आमतौर पर इंगित करता है कि शॉर्ट सर्किट द्वारा विद्युत प्रवाह को अपने सामान्य पथ से हटा दिया जा रहा है। कम वोल्टेज में, वितरण प्रकार के सर्किट, जैसे कि घरों में पाए जाने वाले, फ़्यूज़ द्वारा पर्याप्त ओवरकुरेंट सुरक्षा प्रदान की जा सकती है जो वर्तमान में पूर्व निर्धारित मूल्य से अधिक होने पर पिघल जाती है।

छोटे थर्मल प्रकार के सर्किट ब्रेकर भी सर्किट के इस वर्ग के लिए ओवरकुरेंट सुरक्षा प्रदान करते हैं। जैसे-जैसे सर्किट और सिस्टम का आकार बढ़ता है, बड़े फॉल्ट करंट के रुकावट से जुड़ी समस्याएं पावर सर्किट ब्रेकर के उपयोग को निर्धारित करती हैं।

7.5 ओवरवॉल्टेज संरक्षण

बिजली लाइनों के पास बिजली सिस्टम में बहुत कम समय में ओवरवॉल्टेज और इन्सुलेशन के संभावित टूटने का कारण बन सकती है।

इन सर्जेस के संरक्षण में लाइनों और जमीन के बीच जुड़े लाइटनिंग अरेस्टर्स शामिल हैं। आम तौर पर इन लाइटनिंग अरेस्टर्स के माध्यम से इन्सुलेशन वर्तमान प्रवाह को रोकता है, वे ओवरवॉल्टेज को सीमित करने के लिए उच्च वोल्टेज क्षणिक के दौरान क्षणिक रूप से वर्तमान में गुजरते हैं।

जनरेटर को छोड़कर जहां यह वोल्टेज विनियमन और नियंत्रण प्रणाली का हिस्सा है, ओवरवॉल्टेज संरक्षण शायद ही कभी कहीं और लागू होता है।

7.6 अंडरवोल्टेज सुरक्षा

मोटर लोड को बिजली की आपूर्ति करने वाले सर्किट पर अंडरवॉल्टेज सुरक्षा प्रदान की जानी चाहिए। कम वोल्टेज की स्थिति के कारण मोटरें अत्यधिक विद्युत धाराएँ खींचती हैं जो मोटरों को नुकसान पहुँचा सकती हैं।

यदि मोटर के चलने के दौरान कम वोल्टेज की स्थिति विकसित होती है, तो रिले स्थिति को भांप लेती है और मोटर को सेवा से हटा देती है।

7.7 अंडरफ्रीक्वेंसी सुरक्षा

जनरेशन सप्लाई, ट्रांसमिशन लाइन या सिस्टम के अन्य घटकों में मुख्य रूप से दोषों के परिणामस्वरूप होने वाली हानि, सिस्टम को अधिक भार के साथ छोड़ सकती है।

सॉलिड स्टेट डिजिटल टाइप अंडर फ्रीक्वेंसी रिले सिस्टम में विभिन्न बिंदुओं पर जुड़े होते हैं ताकि सामान्य सिस्टम फ्रीक्वेंसी में परिणामी गिरावट का पता लगाया जा सके। वे लोड को डिस्कनेक्ट करने या सिस्टम को क्षेत्रों से अलग करने के लिए काम करते हैं ताकि उपलब्ध पीढ़ी लोड के बराबर हो जाए जब तक कि संतुलन स्थापित न हो जाए।

7.8 रिवर्स करंट प्रोटेक्शन

रिवर्स करंट प्रोटेक्शन तब प्रदान किया जाता है जब करंट की सामान्य दिशा में बदलाव सिस्टम में असामान्य स्थिति को इंगित करता है। एक एसी सर्किट में, रिवर्स करंट का तात्पर्य सामान्य से लगभग 180 डिग्री के करंट की फेज शिफ्ट है। यह वास्तव में बिजली प्रवाह की दिशा में बदलाव है और एसी दिशात्मक रिले द्वारा इसका पता लगाया जा सकता है।

7.9 निष्कर्ष

इस अध्याय में हमने विभिन्न प्रकार के बिजली सुरक्षात्मक उपकरणों जैसे सुरक्षात्मक रिले और उनके काम करने के सिद्धांतों पर चर्चा की है।

8

भारत में विद्युत आपूर्ति विधान का इतिहास

इस अध्याय में, हम ब्रिटिश काल से लेकर आधुनिक भारत तक बिजली आपूर्ति कानून के इतिहास पर चर्चा करते हैं।

8.1 भारत में बिजली आपूर्ति कानून का इतिहास

ब्रिटिश शासकों ने भारत में बिजली की शुरुआत की। इसकी शुरुआत एक कंपनी द्वारा 1879 में कलकता में विद्युत प्रकाश व्यवस्था के प्रदर्शन से हुई थी। 1897 में एक कंपनी ने कलकता में बिजली आपूर्ति करने का लाइसेंस प्राप्त किया। इसके बाद बंबई शहर को बिजली की आपूर्ति की गई।

भारतीय विद्युत अधिनियम 1910 भारत में बिजली आपूर्ति के नियमन से संबंधित प्रारंभिक कानूनों में से एक था। इसमें विशेष क्षेत्रों, ज्यादातर शहरी क्षेत्रों में आपूर्ति के लिए निजी कंपनियों को लाइसेंस जारी करने का प्रावधान था।

भारत के स्वतंत्र होने के बाद, भारत के संविधान ने केंद्र और राज्य सरकारों के बीच साझा जिम्मेदारी के रूप में बिजली आपूर्ति को समवर्ती सूची के तहत रखा।

आजादी के तुरंत बाद बिजली आपूर्ति अधिनियम 1948 पेश किया गया था। इस अधिनियम के तहत, राष्ट्रीय स्तर पर केंद्रीय विद्युत प्राधिकरण (सीएए) और राज्य स्तर पर राज्य बिजली बोर्ड स्थापित किए गए थे, उनका काम प्रत्येक राज्य के भीतर विभिन्न क्षेत्रों में बिजली की आपूर्ति का विस्तार करना था। इन बोर्डों का सभी राष्ट्रीयकरण कर दिया गया था और बिजली की आपूर्ति एक राज्य एकाधिकार थी, राज्य द्वारा कंपनियों को लाइसेंस प्रदान किए गए थे। बाद में, छोटे शहरों और गांवों में भी धीरे-धीरे विद्युतीकरण किया जाने लगा।

हालांकि, बिजली बोर्ड के साथ समस्याएं थीं, जैसे कि दक्षता की। कई क्षेत्रों में बिजली की आपूर्ति का नुकसान हुआ था या जिसे लोड शेडिंग या बिजली कटौती के रूप में जाना जाता था, विशेष रूप से भारतीय गर्मियों के दौरान लोगों को परेशानी होती थी।

1991 में, भारतीय अर्थव्यवस्था का उदारीकरण और सुधार हुआ। इसके हिस्से के रूप में, कई राज्य बिजली बोर्ड, जिनमें से कई अक्षमताओं वाले थे और इतनी अच्छी वित्तीय स्थिति में नहीं थे, का पुनर्गठन या निजीकरण पूरी तरह या आंशिक रूप से निगमों के रूप में किया गया था।

निजी कंपनियों या स्वतंत्र बिजली उत्पादकों को भी बिजली बिजली संयंत्रों जैसे थर्मल, हाइड्रो, पवन और सौर ऊर्जा उत्पादन संयंत्रों में अनुमति दी गई थी।

विद्युत नियामक अधिनियम 1998 की स्थापना की गई थी जिसने बिजली आपूर्ति को विनियमित करने के लिए केंद्रीय बिजली नियामक आयोग (सीईआरसी) और राज्य बिजली नियामक आयोग (एसईआरसी) बनाया था। इनमें घरों, उद्योग और कृषि क्षेत्र जैसे उपभोक्ताओं के लिए बिजली शुल्क निर्धारित करने और बिजली आपूर्ति से संबंधित सभी प्रकार के विवादों को सुलझाने की भूमिका थी। विभिन्न राज्यों में भी सुधार अधिनियम लाए गए, जैसे दिल्ली विद्युत सुधार अधिनियम 2000 और उत्तर प्रदेश विद्युत सुधार अधिनियम 1999।

इसके बाद विद्युत अधिनियम 2003 आया, जिसने विशेष रूप से बिजली उत्पादन और वितरण के क्षेत्रों में बिजली व्यवस्था को उदार बनाया।

8.2 विद्युत अधिनियम 2003 की पृष्ठभूमि

बिजली की आपूर्ति को और अधिक कुशल बनाने के लिए और पहले के कानून में कुछ कमियों को दूर करने के लिए, बिजली अधिनियम 2003 को सरकार द्वारा पेश किया गया था और भारतीय संसद में अनुमोदित किया गया था। इसने बिजली आपूर्ति और उत्पादन में अधिक निजी खिलाड़ियों के प्रवेश को प्रोत्साहित किया। कंपनियां या निगम जो बिजली के जनरेटर थे, किसी भी स्थान या क्षेत्र में किसी भी ग्राहक को उत्पन्न बिजली बेचने के लिए स्वतंत्र थे। इसे बिजली के पारेषण और वितरण की खुली पहुंच कहा गया।

बिजली उत्पादन के कई मामलों के लिए लाइसेंस की आवश्यकता को समाप्त कर दिया गया था। हालांकि, बिजली के वितरण और पारेषण और व्यापार के लिए अभी भी लाइसेंस की आवश्यकता है।

बाद में, बिजली आपूर्ति के क्षेत्र में ग्राहक संतुष्टि, उपभोक्ता संरक्षण और शिकायत निवारण की अवधारणा को भी प्रमुखता दी गई और ग्राहक शिकायत तंत्र की स्थापना की गई।

DISCOMs या बिजली वितरण कंपनियों की स्थापना बिजली के उपभोक्ताओं के साथ-साथ बिजली उत्पादन इकाइयों दोनों के साथ बातचीत करने के लिए की गई थी। राज्य विद्युत नियामक आयोग (SERC, एसईआरसी) भी स्थापित किए गए थे जिनका कार्य बिजली कंपनियों द्वारा एकाधिकार शक्ति के दुरुपयोग को रोकना था।

8.6 निष्कर्ष

इस अध्याय में हम भारत में बिजली अधिनियम 2003 तक बिजली से संबंधित नियमन के इतिहास से गुजरे हैं। अगले अध्याय में हम इस अधिनियम का अधिक विस्तार से अध्ययन करेंगे।

9

विद्युत अधिनियम 2003

इस अध्याय में, हम विद्युत अधिनियम 2003 पर चर्चा करते हैं, जो कि भारत में बिजली के उत्पादन, पारेषण और वितरण से संबंधित मुख्य कानून है।

9.1 विद्युत अधिनियम 2003 का परिचय

विद्युत अधिनियम 2003 भारत में बिजली के उत्पादन, पारेषण और वितरण को विनियमित करने से संबंधित कानून को समेकित करता है। इसमें बिजली लाइसेंसिंग, टैरिफ और राजस्व नीतियों से संबंधित अनुभाग भी हैं।

यह भारत में कुछ पहले के मौजूदा बिजली अधिनियमों जैसे भारतीय विद्युत अधिनियम 1910, विद्युत (आपूर्ति) अधिनियम 1948 और विद्युत नियामक आयोग अधिनियम 1998 का समेकित और सुधारित संस्करण है।

The Electricity Act, 2003

MINISTRY OF LAW AND JUSTICE
(Legislative Department)

New Delhi, the 2nd June, 2003.Jyaistha 12, 1925 (Saka)

The following Act of Parliament received the assent of the President on the 26th May, 2003, and is hereby published for general information:

THE ELECTRICITY ACT, 2003
[No.36 of 2003]

[26th May, 2003]

An Act to consolidate the laws relating to generation, transmission, distribution, trading and use of electricity and generally for taking measures conducive to development of electricity industry, promoting competition therein, protecting interest of consumers and supply of electricity to all areas, rationalization of electricity tariff, ensuring transparent policies regarding subsidies, promotion of efficient and environmentally benign policies, constitution of Central Electricity Authority, Regulatory Commissions and establishment of Appellate Tribunal and for matters connected therewith or incidental thereto.

Be it enacted by Parliament in the Fifty-fourth Year of the Republic of India as follows:-

PART I

PRELIMINARY

Section 1. (Short title, extent and commencement) --- (1)   This Act may be called the Electricity Act, 2003.

(2)   It extends to the whole of India except the State of Jammu and Kashmir.

(3)   It shall come into force on such date as the Central Government may, by notification, appoint:

Provided that different dates may be appointed for different provisions of this Act and any reference in any such provision to the commencement of this Act shall be construed as a reference to the coming into force of that provision.

चित्र: विद्युत अधिनियम 2003 का पहला पृष्ठ

9.2 विद्युत अधिनियम 2003 का सारांश

विद्युत अधिनियम 2003 की कुछ विशेषताएं इस प्रकार हैं:

- बिजली के उत्पादन को लाइसेंस मुक्त किया जा रहा है और कैप्टिव उत्पादन को स्वतंत्र रूप से अनुमति दी जा रही है। कोई भी बिजली उत्पादन कंपनी इस अधिनियम के तहत लाइसेंस प्राप्त किए बिना एक उत्पादन स्टेशन की स्थापना, संचालन और रखरखाव कर सकती है, केवल अपवाद के साथ कि उसे धारा 73 के खंड (बी) में संदर्भित ग्रिड के साथ कनेक्टिविटी से संबंधित तकनीकी मानकों का पालन करना चाहिए। हाइड्रो -परियोजनाओं, हालांकि, केंद्रीय विद्युत प्राधिकरण से सहमति की आवश्यकता है।

- कोई भी व्यक्ति या कंपनी बिजली का संचार या वितरण नहीं करेगा या बिजली का व्यापार नहीं करेगा, जब तक कि वह जारी लाइसेंस द्वारा ऐसा करने के लिए अधिकृत न हो। अपवादों को अधिकृत आयोगों द्वारा अधिसूचनाओं के माध्यम से सूचित किया जाता है।

- केंद्र सरकार देश का क्षेत्रवार सीमांकन कर सकती है और समय-समय पर बिजली के कुशल, किफायती और एकीकृत पारेषण और आपूर्ति के लिए आवश्यक संशोधन कर सकती है। इसके अलावा, यह अंतर-राज्यीय, क्षेत्रीय और अंतर-क्षेत्रीय उत्पादन और बिजली के प्रसारण के लिए स्वैच्छिक अंतर-कनेक्शन और सुविधाओं के समन्वय की सुविधा के लिए संशोधन कर सकता है।

- केंद्र और राज्य स्तर पर ट्रांसमिशन यूटिलिटी एक सरकारी कंपनी होनी चाहिए जिसके पास ट्रांसमिशन नेटवर्क के नियोजित और समन्वित विकास की जिम्मेदारी हो।

- पारेषण में खुली पहुंच की घोषणा की गई है, जिसमें क्रॉस-सब्सिडी के मौजूदा स्तर की देखभाल के लिए अधिभार का प्रावधान है, साथ ही अधिभार को धीरे-धीरे समाप्त किया जा रहा है।

- राज्य सरकारों को राज्य बिजली बोर्डों को अलग करने की आवश्यकता है। हालांकि वे उनके साथ वितरण लाइसेंसधारियों और राज्य पारेषण उपयोगिताओं के रूप में जारी रह सकते हैं।

- राज्य विद्युत नियामक आयोग (SERC, एसईआरसी) की स्थापना अनिवार्य कर दी गई है।

- सीईआरसी (CERC) और एसईआरसी (SERC) के फैसले के खिलाफ अपील सुनने के लिए एक अपीलीय न्यायाधिकरण की स्थापना की गई है।

- आपूर्ति की जाने वाली बिजली की मीटरिंग अनिवार्य कर दी गई है।

- बिजली चोरी से संबंधित प्रावधानों को और सख्त किया गया है।

- ट्रेडिंग को एक विशिष्ट गतिविधि के रूप में मान्यता दी गई है, जिसमें ट्रेडिंग मार्जिन पर सीलिंग तय करने के लिए विनियामक आयोगों की सुरक्षा को अधिकृत किया गया है।

- ग्रामीण और दूरस्थ क्षेत्रों के लिए, उत्पादन और वितरण के लिए स्टैंड-अलोन प्रणाली की अनुमति है।
- ग्रामीण विद्युतीकरण को पूरा करने और पंचायत, सहकारी समितियों, गैर सरकारी संगठनों, फ्रेंचाइजी आदि द्वारा ग्रामीण वितरण के प्रबंधन के लिए एक अभियान की घोषणा की गई है।
- केंद्र सरकार को राष्ट्रीय बिजली नीति और टैरिफ नीति तैयार करनी है।
- केंद्रीय विद्युत प्राधिकरण (सीईए, CEA) को राष्ट्रीय विद्युत योजना तैयार करनी है।

NOTIFICATION

New Delhi, the 31st December, 2020

G.S.R. 818(E).—In exercise of the powers conferred by sub-section (1) read with clause (z) of sub-section (2) of section 176 of the Electricity Act, 2003 (Act 36 of 2003), the Central Government hereby makes the following rules, namely:-

1.   **Short title and commencement.**- (1) These rules may be called the Electricity (Rights of Consumers) Rules, 2020.

(2)   They shall come into force on the date of their publication in the Official Gazette.

2.   **Definitions.**- (1) In these rules, unless the context otherwise requires,-

    (a)   "**Act**" means the Electricity Act, 2003;

    (b)   "**applicant**" means an owner or occupier of any premises who files an application form with a distribution licensee for supply of electricity, increase or decrease in sanctioned load or contract demand, change in title or mutation of name, change in consumer category, disconnection or restoration of supply, or termination of agreement, shifting of connection or other services as the case may be, in accordance with the provisions of the Act, rules and regulations made thereunder;

    (c)   "**application**" means an application form complete in all respects in the appropriate format, as specified by the Commission, along with documents and other compliances;

    (d)   "**billing cycle or billing period**" means the period for which regular electricity bills as specified by the Commission, are issued for different categories of consumers by the distribution licensee;

    (e)   "**Commission**" means the State Electricity Regulatory Commission constituted under section 82 of the Act;

    (f)   "**Consumer**" means any person who is supplied with electricity for his own use by a distribution licensee or the Government or by any other person engaged in the business of supplying electricity to the public under the Electricity Act, 2003 or any other law for the time being in force and includes any person whose premises are for the time being connected for the purpose of receiving electricity with the works of a distribution licensee, the Government or such other person, as the case may be;

    (g)   "**days**" means clear working days;

    (h)   "**disconnection**" means the physical separation or remote disconnection of a consumer from the distribution system of the distribution licensee;

    (i)   "**fixed charges**" has the same meaning as per the provisions of the prevailing Tariff Order issued for the distribution licensee by the Commission;

    (j)   "**maximum demand**" means the highest load measured in average kVA or kW at the point

चित्र: विद्युत उपभोक्ता नियम 2020 का पहला पृष्ठ

9.3 बिजली (उपभोक्ताओं के अधिकार) नियम 2020

बिजली नियम 2020 भारत सरकार द्वारा वितरण कंपनियों द्वारा भारत में बिजली के उपभोक्ताओं के लिए बेहतर जवाबदेही को बढ़ावा देने के लिए लाया गया था। इन नियमों में उपभोक्ता शिकायतों के लिए एक शिकायत तंत्र भी शामिल है। इसमें कनेक्शन, मीटरिंग, बिलिंग और भुगतान और प्रदर्शन के मानकों जैसे क्षेत्रों को शामिल किया गया है जिसके लिए लाइसेंसधारियों (वितरण कंपनियों) को जवाबदेह ठहराया जाएगा। इन नियमों से उपभोक्ताओं को और अधिक लाभ होने और बिजली आपूर्ति में जवाबदेही और पारदर्शिता बढ़ने की उम्मीद है।

9.4 निष्कर्ष

इस अध्याय में हमने विद्युत अधिनियम 2003 और विद्युत नियम 2020 पर चर्चा की है। हमने अधिनियम की कुछ विशेषताओं पर भी संक्षेप में चर्चा की है।

10

निष्कर्ष

इस पुस्तक में, हमने बिजली के उत्पादन, पारेषण और वितरण से संबंधित अवधारणाओं पर चर्चा की है। हमने बिजली आपूर्ति के इन तीन भागों से संबंधित कुछ तकनीकी अवधारणाओं पर चर्चा की। हमने सुरक्षा से संबंधित पहलुओं जैसे सुरक्षा रिले और मीटर के माध्यम से बिजली के उपयोग की माप पर भी चर्चा की है।

हमने ब्रिटिश भारत में बिजली कानूनों से लेकर आजादी के बाद के आधुनिक भारत तक, भारत में बिजली आपूर्ति से संबंधित विनियमन के इतिहास का और विश्लेषण किया है। इनमें वर्तमान अधिनियम शामिल हैं: विद्युत अधिनियम 2003 और विद्युत नियम 2020, जो वर्तमान में भारत में बिजली आपूर्ति विनियमन से संबंधित मुख्य कानून हैं।

लेखक के बारे में

शिव प्रसाद बोस भारतीय कानूनों के पहलुओं से संबंधित कई परिचयात्मक गाइडबुक के लेखक हैं। वह वर्तमान में लखनऊ में उत्तर प्रदेश पावर कॉर्पोरेशन लिमिटेड में कई वर्षों की सेवा के बाद सेवानिवृत्त हुए हैं। उन्होंने कोलकाता के जादवपुर विश्वविद्यालय से इलेक्ट्रिकल इंजीनियरिंग की डिग्री प्राप्त की और मेरठ विश्वविद्यालय, मेरठ से कानून की डिग्री और एमएमएच कॉलेज गाजियाबाद से बीएससी किया। उनकी रुचि परिवार कानून, नागरिक कानून, अनुबंधों के कानून और बिजली से संबंधित मुद्दों से संबंधित कानून के क्षेत्रों में है।

शिव प्रसाद बोस की अन्य पुस्तकें

- वसीयत और प्रोबेट का परिचय: भारतीय कानून के अनुसार
- वरिष्ठ नागरिकों से दुर्व्यवहार: और इसे कैसे रोका जाये
- पड़ोसियों के साथ समस्याएं: और इनसे कैसे निपटें
- अदालती मुकदमों में मानसिक शक्ति बढ़ाएं
- परक्राम्य लिखतों का परिचय
- विवाह कानूनों का परिचय
- पुस्तकों और ई-पुस्तकों को स्वयं प्रकाशित करें
- अदालती मामलों में देरी: कारण और समाधान
- पेटेंट और पेटेंट कानून का परिचय
- संपत्ति कानून का परिचय
- टॉर्ट कानून का परिचय
- नई दिल्ली में छोटा बंगाल: चितरंजन पार्क गाइडबुक